Gilles Diederichs

Formateur relaxologue et musicothérapeute

Zen au quotidien

Méthode de « dé-stress », de relaxation et de dynamisation

Illustrations de René Cannella

rue des écoles

ISBN : 978-2-84431-928-9
Achevé d'imprimer en Italie en janvier 2011.
Dépôt légal : janvier 2011.

Sommaire

Les sas de décompression

Les pauses

La journée idéale

Introduction

Afin de gérer au quotidien et tout au long de l'année vos ressources physiques et nerveuses, voici un manuel d'utilisation simple, avec des méthodes efficaces et déjà éprouvées dans le domaine du « dé-stress », de la relaxation ou de la dynamisation énergétique.
Proposé sous forme de parcours, l'apprentissage de la gestion du souffle, des émotions et du mental ne requiert qu'une trentaine de minutes réparties du matin au soir. Cela vous permet de répondre aux nombreuses sollicitations d'une journée d'enseignement, sans être en vide d'énergie, en trop pleins d'émotions ou en état de saturation mentale.
Par exemple : réagir sereinement face à un élève agité, assouplir vos articulations après des heures passées à écrire au tableau, équilibrer votre débit verbal en fin d'après-midi, trouver des ressources pour alimenter de nouveau votre inspiration quand la fatigue vous gagne.
Afin de faciliter la bonne intégration des informations proposées, des dessins expliquent comment agir et réagir, entretenir ou faire évoluer votre potentiel physique et nerveux. Cette méthode ne demande aucun effort particulier. Au contraire, elle s'intègre naturellement à vos activités.

Les ressources personnelles

Pour connaître ses ressources personnelles, il faut avant tout analyser sa journée ! La journée d'un enseignant est faite de rencontres, de partages et parfois d'affrontements. Votre fil conducteur dans ces montagnes russes est votre capacité à gérer vos ressources personnelles... Les temps d'équilibre ou de vide, les trop-pleins et les baisses soudaines d'énergie, les phases de fatigue mentale et les pics de saturation nerveuse ou émotionnelle... tout doit être notifié.

Vous pouvez penser que ces moments ne sont pas si nombreux que cela ; pourtant, comme tout être humain, vos biorythmes fluctuent – rythmes physiques, émotionnels, intellectuels – avec des passages de haut et de bas[1]. Souvent, après 16 heures, des baisses d'énergie soudaines vous rendent plus facilement irritable. Ce n'est pas une faiblesse, c'est une régulation faite par le corps sans que vous en ayez forcément conscience. Il est donc important de mettre en place un certain équilibre, car c'est lorsque ces régulations ne sont pas respectées que le stress devient chronique et que les défenses immunitaires et psychologiques s'effritent dangereusement !

1. Certains sites Internet proposent d'ailleurs de vous aider à calculer facilement ces phases.

L'état des lieux de la journée

Il ne s'agit pas ici de votre relation directe avec vos élèves, mais de votre évolution personnelle, de vos ressources propres ! Le tableau suivant est volontairement centré sur les tranches horaires qui se situent avant et après les cours. Celles-ci sont censées être des sas de décompression indispensables entre votre travail et votre vie personnelle, des « passages » de détente ou de régénération. Si ce n'est pas le cas, ce livre est justement là pour vous aider à ce que cela le devienne !

Ayez conscience que votre capital de naissance, vos habitudes de vie, votre hygiène alimentaire, votre manière même de penser, forment votre capital de ressources face au stress quotidien.

Inscrivez les termes suivants (il peut y en avoir plusieurs) dans les cases : *fatigue – vide – stress – saturation – trop-plein – équilibre – harmonie – autre.*

7 h – 8 h 30	
8 h 30 – 10 h 30	
10 h 45 – 12 h 30	
13 h 30 – 16 h	
16 h 15 – 18 h	
18 h – 20 h	

Ce tableau met en lumière l'évolution de vos humeurs physiques et mentales au fil de la journée.

Les premiers aménagements pour un enseignement plus fluide

Se rendre compte de l'effet de la respiration sur votre comportement c'est agir consciemment et sans passer par une aide extérieure. Ceci renforce votre capital ressource disponible et favorise la transmission de votre enseignement.

Sachez que la respiration est le premier régulateur des humeurs. Pour apprendre à gérer vos ressources personnelles, vous devez essayer d'évaluer chaque moment de la journée en termes de qualité de respiration. Cette maîtrise que vous posséderez peu à peu de votre rythme respiratoire vous amènera à rectifier et adapter votre souffle à ce que vous êtes en train de vivre. Et donc d'agir, de réagir ou de prévenir les situations connues d'avance !

Déterminez vos humeurs en termes de qualité de respiration. Indiquez comment est votre souffle, par exemple : *normal – court – saccadé – ample – étouffant – autre.*

7 h – 8 h 30	
8 h 30 – 10 h 30	
10 h 45 – 12 h 30	
13 h 30 – 16 h	
16 h 15 – 18 h	
18 h – 20 h	

Notez maintenant les sources de stress qui, au cours de votre journée, vous semblent inévitables. Par exemple : trois changements de métro, un long trajet en voiture, la responsabilité de votre poste, un environnement de travail agressif, une alimentation désordonnée, une addiction trop importante aux excitants, etc.

Classez par ordre d'importance ces sources de stress, en mettant l'accent sur la pénibilité et le type de charge émotionnelle ou mentale qu'elles impliquent.

Les bonnes questions

Ces sources de stress sont-elles vraiment inévitables ? Quelles sont celles sur lesquelles vous pouvez agir, sans pour autant que cela ne devienne une charge supplémentaire ? N'existe-t-il pas une manière de faire, quelque chose à mettre en place, qui vous permettrait de les alléger, de les contourner, de les rendre plus neutres ?

En acceptant cet état des lieux, vous allez peu à peu changer et adapter votre mentalité : vous êtes acteur de votre propre bien-être et auteur de vos propres besoins !

Fixez-vous un premier objectif de changement simple et peu contraignant, puis un deuxième une fois le premier bien mis en place… En adoptant simplement ce type de comportement, vous pouvez récupérer jusqu'à 30 % d'énergie dilapidée inutilement !

Servez-vous de ce tableau comme référence pour mettre au clair votre nouveau fil conducteur. Inscrivez les rectifications que vous avez décidé d'apporter à votre quotidien.

7 h – 8 h 30	
8 h 30 – 10 h 30	
10 h 45 – 12 h 30	
13 h 30 – 16 h	
16 h 15 – 18 h	
18 h – 20 h	

Les techniques de « dé-stress »

Désamorcer son stress dans l'instant clé du déroulement d'un cours, c'est comme déconnecter les effets d'une humeur qui vous contrôle et qui va inévitablement influer sur l'atmosphère de la classe ! C'est donc primordial pour garder la maîtrise des événements.

D'ailleurs, agir immédiatement vous permet de prendre du recul sur la situation, d'avoir un autre regard. C'est donc un moyen de changer l'orientation émotionnelle, mentale ou physique du moment, mais aussi de toute l'heure de cours. Plus vous répétez ces exercices de bien-être, plus ils sont actifs dans l'instant. Ces techniques de « dé-stress » peuvent se pratiquer à tout moment de la journée, et surtout quand vous sentez qu'un trop-plein de nervosité vous gagne.

Une fois que l'on connaît ses biorythmes journaliers, la meilleure technique reste la prévention : anticipez les moments de stress.

La dilution du stress

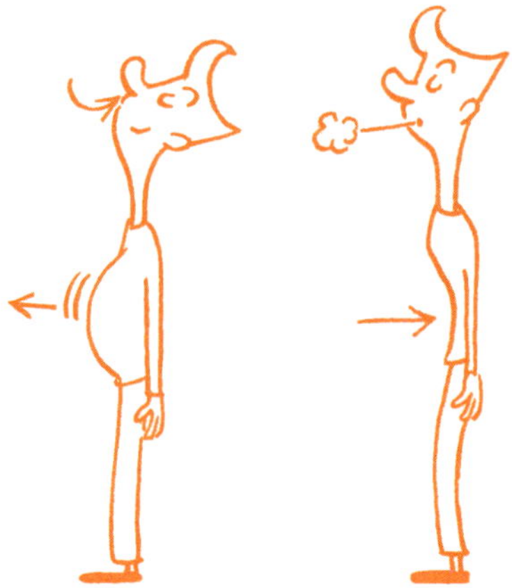

1 Assis ou debout, prenez rapidement une grande inspiration par le nez en faisant ressortir le ventre, puis, soufflez par la bouche (comme dans une paille) en rentrant le ventre le plus possible, mais en prenant bien garde à ce que l'expiration soit plus longue que l'inspiration. Faites cet exercice trois fois de suite.

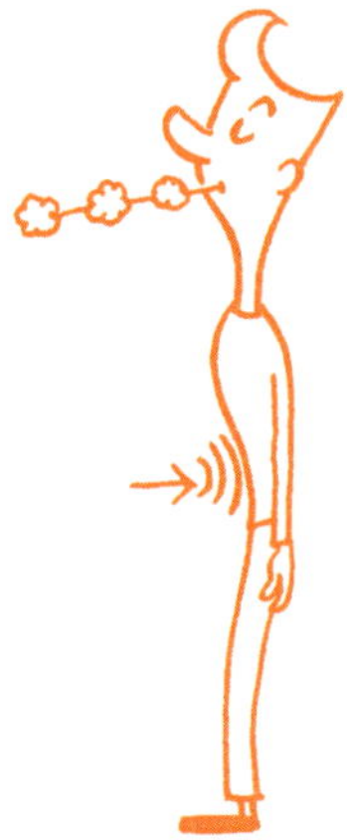

2 Sur le même principe, lorsque vous expirez par la bouche, saccadez votre souffle en rentrant par à-coups votre ventre. Cela coupe l'effet du stress et clarifie le mental. Terminez par une grande inspiration/expiration.

En adoptant ponctuellement ce schéma respiratoire, vous apprendrez à souffler très doucement, ce qui aura aussi pour effet de vous réchauffer. Faites ces exercices quand vous sentez la colère ou l'anxiété monter, notamment dans une situation de tension avec un élève. Cela vous permettra de retrouver rapidement votre calme.

L'expulsion du stress

1 Serrez vos deux poings sur le centre de la poitrine. Inspirez par le nez par saccades tout en appuyant doucement avec vos poings. Puis soufflez en projetant l'air devant vous d'un seul coup et en relâchant vos bras rapidement. Si vous n'avez pas la place de faire des gestes amples, la paume d'une main suffira.

2 Coudes pliés paumes ouvertes sur chaque côté de votre corps, soufflez en ayant l'impression de « pousser les murs ». Opposez une résistance pour renforcer l'impact de ce mouvement.

Faciles à exécuter et discrets, les mouvements suivants vont vous aider à réguler votre stress. Effectuez-les par série de trois, à chaque fois et doucement.

3 Coudes sur le bureau, les poings serrés, le dos droit mais pas tendu, en inspirant, serrez fortement vos poings et tendez de même les muscles des avant-bras, des bras et des épaules, puis relâchez tout.

4 Passez au bas du corps : en inspirant, levez vos deux pointes de pieds en l'air, talon bien plaqués au sol ; puis soufflez en levant vos talons et en poussant bien sur vos pointes de pieds plaquées au sol. Terminez en contractant et relâchant en même temps le haut et le bas du corps.

La régulation physique préventive

Vous allez être confronté à un groupe difficile. Un groupe qui connaît très bien vos limites de tolérance et que vous appréhendez peut-être de retrouver. Pour ne pas perdre votre énergie dans la nervosité, apprenez à décrisper le poids toxique du stress sur votre corps, puis à le fluidifier. Généralement, on commence par les épaules.

Ces exercices sont idéaux pour prévenir le stress. Y compris pour rester détendu lors d'un entretien avec sa hiérarchie ou avec des parents d'élèves !

1 Les doigts posés sur les extrémités des épaules, inspirez. Montez les coudes en soufflant par la bouche doucement. Finissez les coudes en l'air et le dos des mains posé sur les joues. Maintenez quelques instants cette position.

2 Mains derrière la tête, paumes sur chaque côté du cou et coudes en avant, inspirez doucement par le nez, tout en ramenant vos coudes vers l'arrière et en dégageant bien la poitrine.

3 Dos droit, laissez pencher votre tête à droite, à gauche, en avant et en arrière. Doucement, faites des cercles de la tête, vers la droite et la gauche.

4 En position assise, tendez une jambe en prenant appui sur le talon opposé, puis tirez la pointe du pied vers vous en inspirant, tenez en apnée (si cela vous est possible), et relâchez. Faites cet exercice 5 fois pour chaque jambe.

L'auto-massage des mains

L'auto-massage est une technique discrète et efficace qui consiste à appuyer avec votre pouce sur un point précis, en effectuant un cercle dans un sens et dans l'autre, pendant au minimum 30 secondes. En pratiquant régulièrement ces gestes, le cerveau les enregistre comme des appels à un souvenir de bien-être, puis les redistribue sous forme d'endorphines (entre autres). L'effet de « mieux-être » est donc rapide. Il serait bon de le pratiquer un peu à chaque heure de cours, comme un régulateur nerveux que vous entretenez tout au long de votre journée d'enseignement.

> *L'auto-massage est un moyen pratique pour dé-stresser rapidement.*

1 La paume gauche ouverte, massez avec votre pouce droit le centre de la main. Puis agrandissez le cercle pour ensuite, avec l'index et le majeur, lisser tout le centre. Vous devez sentir « chauffer » ce point réflexe important. Changez de main.

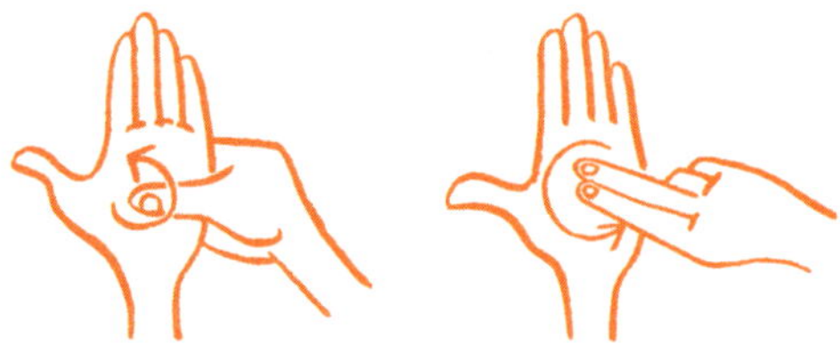

2 Les mains jointes, massez la partie charnue sous votre pouce gauche avec votre pouce droit, puis le centre de la ligne qui marque le début du poignet. Changez de main.

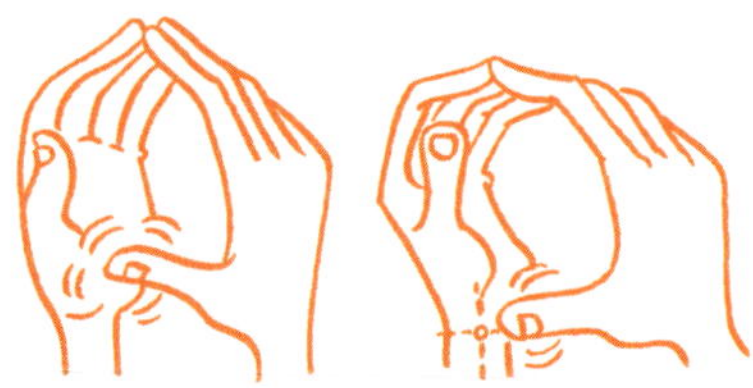

3 Maintenant, prenez un à un chaque doigt de votre main gauche entre le pouce et l'index de votre main droite. Avancer vers le bout de chaque doigt par petites pressions et relâchements. Changez de main.

4 Terminez en lissant chaque dos de main avec le pouce de l'autre main, en suivant naturellement chaque gouttière entre les doigts (métacarpiens).

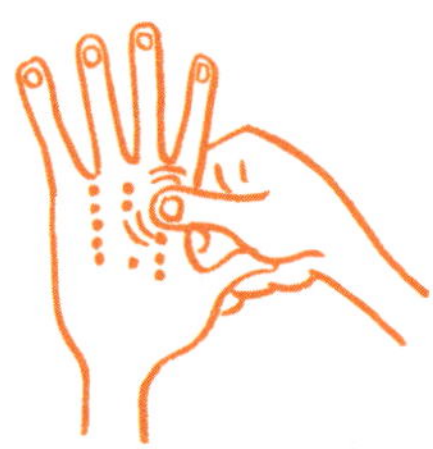

La dilution de la nervosité

Assis, cette série d'exercices peut être pratiquée très facilement en classe, même en plein cours.

Voici une série d'exercices à pratiquer en fin de matinée ou d'après-midi, quand l'accumulation de fatigue et de stress se fait sentir.

1 Coudes posés sur le bureau, massez doucement vos deux tempes. Puis les deux ailes du nez, du haut vers le bas.

2 Toujours coudes posés, placez votre majeur dans le pli naturel situé entre le menton et la lèvre inférieure et massez. Puis lissez avec vos deux index toute la partie entre le nez et la lèvre supérieure.

3 Appuyez doucement sur les deux points situés entre le haut du nez et le bord de chaque œil. Partez de ces points pour souligner, en appuyant doucement, tout le contour de chaque globe oculaire.

4 Avec vos index et majeurs, massez de chaque côté le haut de la mâchoire. Finissez en tirant chaque oreille entre le pouce et l'index.

Les techniques de dynamisation

Naturellement après le déjeuner, en fin de journée, ou même dès la première heure de cours, vous pouvez vous sentir fatigué. On sait aussi que pour un enseignant, les mois d'hiver demandent particulièrement plus de ressources et de motivation. La dynamisation permet de se ressourcer avec des mouvements très simples et d'avoir de l'énergie pour équilibrer les besoins du moment. Cette technique peut être utilisée après un passage de stress, mais aussi, à l'inverse, suite à un instant de détente pour se remotiver !

La dynamisation par le souffle en position statique

Le principe est simple : votre inspiration doit être plus longue que votre expiration. C'est un cycle respiratoire qui se fait discrètement et peut être mis en œuvre à de nombreux moments de la journée.

1 Inspirez par le nez en gonflant le ventre, tout en comptant de 1 à 5 (à votre vitesse, selon votre capacité). Marquez un léger temps d'arrêt, puis soufflez en rentrant le ventre, en comptant de 1 à 3. Marquez un léger temps d'arrêt. Faites ce cycle complet 3 à 7 fois. Puis, toujours à votre rythme, faites évoluer les temps d'inspiration/expiration. L'important est de ne pas forcer sur les passages d'apnée respiratoire.

Si vous faites un trajet à pied pour vous rendre à votre établissement, voici une bonne occasion de vous dynamiser chaque matin avant de commencer la journée.

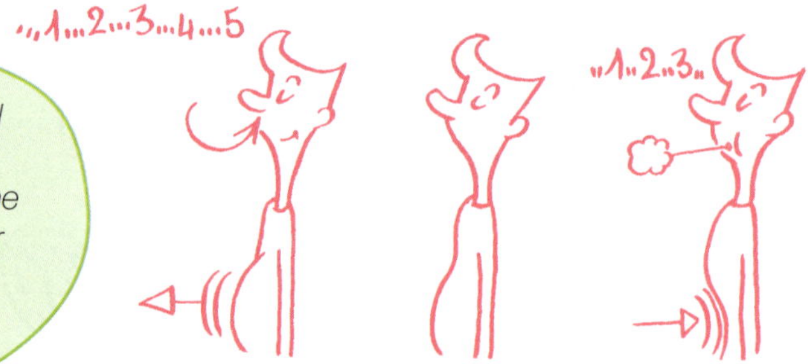

2 Même type d'exercice, à la différence qu'il faut saccader très légèrement l'inspiration (uniquement par le nez), tout en chauffant le thorax : pour cela, frictionnez-le avec les deux paumes des mains, comme si vous aviez froid.

La dynamisation par le souffle en marchant

La marche permet aussi, en étant axée sur la respiration, de clarifier l'esprit. Il suffit d'appliquer le même rythme de souffle qu'en position statique, tout en gardant les yeux posés sur un point imaginaire situé à 1,5 mètre devant vous, sans concentration particulière. Apprenez cette fois à enchaîner l'inspiration par le ventre et par les poumons, comme une vague qui monte et qui redescend.

1 Faites 3 cycles complets de respiration en vous chauffant les mains l'une contre, puis frictionnez-vous le torse, les joues. Enfin, prenez une grande inspiration et soufflez longuement en penchant votre buste en avant, tout en tapotant les surrénales (au-dessus des reins) avec vos deux poings pliés.

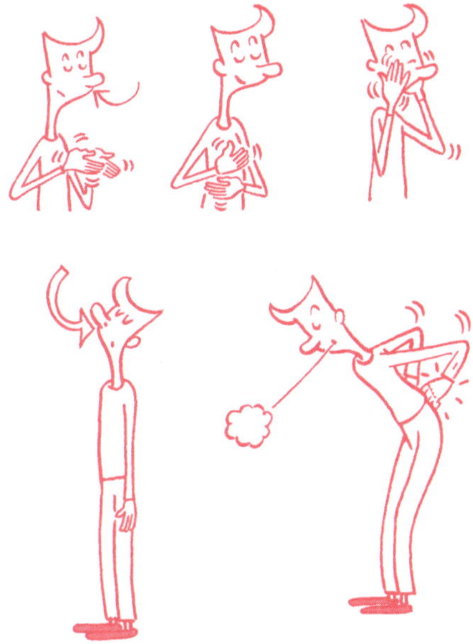

2 Marchez normalement, tout en faisant des petites inspirations et expirations. Inspirez ensuite doucement (selon vos possibilités et sans forcer) en tirant les épaules vers le haut et en arrière. Ensuite, soufflez en ramenant exagérément les épaules vers l'avant (sentez votre dos s'arrondir). Ne contractez ni vos bras ni vos avant-bras. Faites au moins un cycle complet, 7 fois de suite.

3 Marchez d'un bon pas, en inspirant par le nez puis en soufflant rapidement par la bouche comme lorsque l'on souffle une bougie. Faites ce mouvement par petites séries. Attention, il n'y a pas de rétention d'air entre l'inspiration et l'expiration dans cet exercice. Terminez en relâchant votre corps et en secouant tous vos membres.

Les techniques de relaxation

La relaxation permet d'améliorer la récupération nerveuse, le tonus musculaire et de détendre les tensions mentales ou émotionnelles. Pour vous maintenir en harmonie tout au long de la journée, il existe des gestes efficaces et simples à exécuter : mouvements, respirations, auto-massage… C'est une excellente manière de vous « recentrer », heure après heure, sans vous couper de votre activité !

La relaxation clarifie l'esprit, aide à la concentration et facilite la mémorisation des informations. À pratiquer entre chaque cours, avant une formation, après une réunion…

La bonne posture de l'enseignant

Une hanche dressée, un genou qui porte trop, une épaule basse, un pied sur le côté, la nuque en arrière… Une mauvaise posture peut faire apparaître des tensions qui deviennent « dévoreuses » d'énergie : le muscle est tendu, mal sollicité, le sang ne circule pas correctement… Plusieurs fois par jour, à votre rythme, faites ces exercices de relaxation dès que vous vous sentez faiblir, physiquement et mentalement. Pensez encore une fois en continuité de gestion personnelle de vos ressources ! Un enseignant – plus que tout autre peut-être – est particulièrement exposé au mal de dos, de poignet, de nuque… Quelques minutes de relaxation toutes les deux heures, même en plein cours, peuvent suffire à éviter sciatique et lumbago…

1 Assis, le dos droit mais pas tendu, soulevez un pied en décollant le talon. Prenez appui sur vos orteils restés à plat et faites aller votre talon successivement à droite et à gauche. Le plat de l'avant du pied fait une vague et la cheville s'assouplit progressivement. Maintenant, en appui sur le talon, faites pivoter à droite et à gauche l'avant du pied légèrement tendu. Changez de pied.

2 Levez un pied et faites-le tourner en cercle vers le côté droit, puis le côté gauche, plusieurs fois et doucement. Vous devez sentir la cheville se détendre. Changez de pied.

3 Positionnez-vous en bout de chaise, soulevez un pied en prenant appui sur le plat des orteils : votre genou se lève. Dirigez-le vers la droite puis vers la gauche et reposez votre talon avant que votre jambe ne fatigue. Faites cela plusieurs fois, puis changez de genou. Ouvrez votre bassin en amenant le genou le plus à droite et à gauche possible, mais sans le pencher (quitte à lever tout le pied).

4 Doucement et régulièrement, faites pivoter légèrement votre bassin vers l'avant et revenez en position droite. Puis vers l'arrière, et en position droite. Ensuite, soulevez légèrement votre hanche droite, et reposez-la. Faites de même avec la hanche gauche. Répétez le tout plusieurs fois.

5 Posez vos mains sur vos genoux. Tirez le haut de votre tête pour bien étirer toute la colonne et repositionner le bassin. Ne cambrez pas le dos, restez doux !

6 Les mains toujours sur les genoux, levez une épaule (sans décoller la main) et faites-la glisser vers l'arrière puis vers l'avant plusieurs fois. Changez d'épaule.

7 Levez les deux épaules en même temps. Faites-les aller d'avant en arrière et inversement.

8 Les avant-bras posés sur le bureau, soulevez une main, avec le poignet. Faites-la pivoter doucement, à droite et à gauche, pour arriver ensuite à faire un tour complet dans un sens, puis dans l'autre. Vous devez arriver à avoir votre paume face à vous. Changez de main.

9 Maintenant, pianotez lentement avec vos deux mains, en collant et décollant du bureau tout doucement le bout de chaque doigt.

10 L'avant-bras plié et le coude levé, la main en l'air bat la mesure de droite à gauche. Posez ensuite le coude dans la paume de l'autre main. Continuez à battre la mesure pour arriver à faire un cercle complet dans un sens, puis dans l'autre. Votre coude est le pivot de ce mouvement. Changez de bras.

11 Avec le coude toujours en place dans la paume de la main opposée, tapotez le dessus des épaules en montant jusqu'au cou puis en redescendant. Faites de nombreux aller-retour. Renouvelez en changeant de coude.

12 Baissez un peu la tête, serrez vos poings et, avec les phalanges, tapotez votre nuque doucement.

13 Penchez la tête à droite, à gauche, puis lancez doucement le menton en avant plusieurs fois et ensuite le bas du crâne vers l'arrière plusieurs fois. Vous devez sentir les muscles du cou et de la nuque se détendre. Surtout, ne forcez pas !

14 Placez une paume derrière le crâne et l'autre sur les cervicales. Poussez la tête vers l'arrière en opposant une résistance.

15 Dans la même position, penchez la tête vers l'avant, pour étirer la nuque. Essayez de relever la tête en opposant une résistance avec vos deux mains. Puis, très doucement, faites-le en étirant le dos en même temps.

16 Massez avec vos index et majeurs les cavités situées en haut de la nuque.

17 Terminez en prenant une grande inspiration et soufflez le plus lentement possible en faisant la moue.

La relaxation par le souffle

Au contraire de la dynamisation, la relaxation demande d'avoir un temps d'expiration plus long que celui de l'inspiration. Vous le faites déjà naturellement très souvent, par exemple lorsque vous poussez un long soupir. Ici, il suffit de prendre conscience de cette respiration qui a pour vertu d'améliorer le métabolisme, de régénérer le système cellulaire, et de relâcher la sangle abdominale et le plexus solaire.

La relaxation par le souffle est un moyen d'action immédiate sur le système parasympathique.

La respiration des trois étages : la plus simple et la plus directe ! Un cycle en début et en fin de cours et vous restez disponible et équilibré énergétiquement.

1 Assis ou debout, privilégiez une inspiration courte par le nez et un souffle long par la bouche mi-close. Inspirez en sortant le ventre, et soufflez en le rentrant. Puis inspirez en sortant volontairement le torse et soufflez en le rentrant. Enfin, prenez une dernière inspiration en maintenant l'air dans le haut des poumons. Pour cela, levez simplement les épaules et soufflez longuement en les reposant. Faites ce cycle au minimum 3 fois.

2 Assis, basculez légèrement en arrière, sans cambrer le dos ni pencher la tête. Prenez une courte inspiration en tendant les pointes de pieds et en vous étirant vers le plafond ; repositionnez-vous ensuite en expirant par la bouche et, si possible, en étendant vos bras, mains croisées !

Cette autre technique de respiration demande un peu plus d'attention, mais elle va vous permettre de vous détendre mentalement et émotionnellement.

3 Avec l'index de la main droite bouchez votre narine gauche. Inspirez tranquillement. Au moment de la rétention d'air, libérez votre narine gauche tout en bouchant la droite avec votre pouce droit, et soufflez par la narine gauche maintenant libre. Continuez en alternant les deux narines. Prenez l'habitude de faire ce cycle respiratoire très tranquillement. Quand vous le pouvez, fermez les yeux, cela facilitera votre concentration.

4 Terminez en vous dynamisant un peu ! Tapotez-vous les joues avec les paumes des mains !

La relaxation en marchant

Lors d'une marche tranquille (par exemple, une pause entre deux cours), concentrez toute votre attention sur votre respiration. Prenez de grandes inspirations, toujours plus longues au fur et à mesure de vos pas. Naturellement, vous allez avoir le réflexe de garder l'air quelques secondes avant de l'expulser d'un seul coup… Il faut peu à peu prendre l'habitude de réguler votre souffle afin de « rentabiliser » cette apnée respiratoire qui régénère le système nerveux. Donc, soufflez le plus doucement possible par la bouche (comme dans une paille) à votre rythme !

Marchez en comptant 4 temps d'une manière régulière. Coordonnez ces temps à chaque pas :

- 1. j'avance la jambe droite ;
- 2. la jambe gauche ;
- 3. la jambe droite ;
- 4. la jambe gauche.

Puis, soufflez en comptant de la même manière. Plus vous marchez longtemps, plus vos inspirations sont profondes, et plus elles vous aident à vous dé-saturer l'esprit ! Au départ, ne tenez pas compte des apnées respiratoires ou des vides d'air. Puis comptez 2 temps entre chaque inspiration-expiration, avant d'inspirer de nouveau. S'il vous est plus facile de laisser d'abord 3 temps, laissez-vous faire, écoutez votre corps !

La relaxation des yeux

De par votre métier, votre visage est exposé toute la journée aux regards extérieurs : inconsciemment, vous voulez maîtriser votre image et vous vous fabriquez un masque que vous pouvez avoir du mal à quitter. Quant à vos yeux, ils sont sans cesse sollicités et demandent encore plus d'énergie pour fonctionner correctement dans les moments de fatigue. Le travail sur ordinateur, les nouveaux tableaux numériques amplifient ce phénomène. Pour faciliter une pensée claire, pour rester concentré, ce chemin doux est parfait !

> *Les crispations, les tensions liées à la prise de parole plusieurs heures durant, la lumière forte des néons des salles de classe… autant d'éléments du quotidien qui pèsent sur votre visage autant que sur vos épaules !*

À faire dès que vous sentez des picotements dans les yeux et que votre front est hypertendu.

1 Doucement, frottez vos deux paumes l'une contre l'autre. Elles deviennent chaudes. Posez les coudes sur le bureau et vos mains chaudes sur les yeux sans appuyer. Appréciez cet instant. Puis ouvrez et fermez les yeux plusieurs fois comme le ferait un hibou, étonné !

2 Maintenant, commencez un balayage régulier et lent de la droite vers la gauche, les deux yeux ensemble. Gardez bien une ligne horizontale. Ensuite, faites un balayage du haut vers le bas. Tournez les deux yeux ensemble pour décrire un cercle dans un sens puis dans un autre. Associé à une pensée ou une émotion que vous jugez désagréable, cet exercice va apaiser votre esprit.

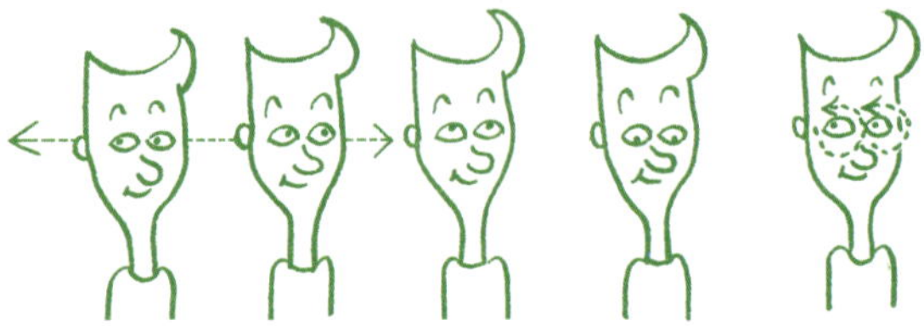

3 Dessinez avec vos yeux un 8 horizontal. Comme repère, prenez un point fixe imaginaire à 1,50 mètre de vous, à hauteur du regard. Partez les deux yeux ensemble vers la droite. Formez un arrondi en amenant ensuite votre regard en bas à droite, puis remontez vers le centre de la vision pour former une autre boucle complète vers le côté gauche de votre vision. Faites 3 boucles doucement dans ce sens. Puis en marquant un arrêt au centre, faites une boucle en commençant cette fois par le côté bas gauche de votre vision. Cet exercice aide particulièrement à la concentration.

4 Quand vous serez bien en place dans cet enchaînement, faites des 8 verticaux. Soyez attentif à faire des boucles très larges et très rondes à chaque fois et dans les deux sens.

5 Pour s'ancrer dans l'instant présent, dessinez avec vos yeux la lettre X, à 1,50 mètre devant vous, à hauteur de regard. Commencez en haut à droite du X puis en haut à gauche. Faites ce dessin plusieurs fois, et stabilisez l'image quelques secondes.

Le massage du visage et de la tête

Rester naturel face aux autres, et en particulier face aux élèves, vous donne plus de poids. Il est donc important de savoir détendre votre visage. C'est aussi ce qui va vous aider à lui donner de l'intensité, quand vous aurez besoin de paraître plus sévère ou plus déterminé ! De même, pour changer d'expression, il faut que les muscles du visage soient détendus. Voici plusieurs moyens pour y parvenir.

1 Avec tous les doigts des deux mains tendus, partez du centre du front, lissez la peau en appuyant et en dirigeant vos doigts vers les oreilles.

2 Ensuite étirez doucement par petits à-coups les contours de vos oreilles. Insistez bien sur les lobes que vous pouvez étirer très doucement mais à fond. Malaxez-les quelques instants.

3 Avec vos index, massez-vous derrière les oreilles plusieurs fois et descendez le long de la mâchoire que vous allez presser entre vos pouces et index jusqu'à la pointe du menton.

4 Massez vos joues avec le bout des doigts, en allant d'abord dans le sens des aiguilles d'une montre et en étirant bien les muscles du visage.

5 Continuez à masser en plaçant vos deux index sur le point situé entre le haut de la mâchoire et le bas de l'oreille. Agrandissez le cercle pour aller masser le haut des pommettes, jusque sous l'orbite de l'œil.

6 Glissez vos deux pouces dans les cavités naturelles situées en haut de la nuque et massez ces deux points en inclinant et redressant la tête. Puis, par pressions successives, massez du bout des doigts les côtés des cervicales en montant et en descendant.

7 Posez en même temps tous les doigts des deux mains sur le sommet du crâne et « shampouinez ». Appuyez ensuite par intermittence sur tout le crâne.

8 Ratissez votre crâne avec vos dix doigts, en partant du front vers la nuque. Tirez légèrement, par touffes, toute la surface de vos cheveux.

9 En haut du front et au centre, à la lisière des cheveux, vous avez un point important à masser en tournant dans le sens des aiguilles d'une montre. Puis un autre au milieu du front.

10 Terminez en massant le long des arêtes du nez et lissez-vous le dessus des lèvres avec les index et majeurs.

11 Chauffez les paumes de vos mains et, juste avec la chaleur mais sans toucher, « dégagez » votre visage en partant du centre vers les côtés (comme un livre qui s'ouvre !).

La relaxation d'urgence

Préparé ou non, vous pouvez vous sentir agressé, fébrile, hypersensible, surtout à la fin de la journée quand la fatigue s'installe. Voici des points d'équilibre énergétique à appliquer en cas de brusque perte de tonus ou de coup émotionnel (comme un affrontement verbal). Le massage des mains permet notamment de faire le lien avec d'autres parties du corps.

1 Commencez par un massage de la paume gauche. Massez par pressions successives le métacarpien de l'index avec le pouce et l'index de l'autre main, en direction du poignet. Cette zone est une sphère émotionnelle importante du poumon et du thorax.

2 Pincez par pressions successives la cavité naturelle formée de peau entre le pouce et l'index. Il s'agit cette fois d'une zone de détente intestinale.

3 Retournez la main « travaillée » et massez le centre du coussinet placé sous le pouce (surrénales) puis, en-dessous, massez un large cercle du poignet jusqu'au creux de la main (reins). Remontez un peu pour masser toute la zone juste avant le départ du pouce (cœur).

4 Massez spécifiquement le centre de la main (estomac), insistez sur un point situé sous le premier coussinet, avant votre index (plexus solaire).

5 Massez la main à la lisière des coussinets des cinq doigts, puis les coussinets eux-mêmes (diaphragme et poumons).

6 Terminez par des pressions successives sur les dernières phalanges de chaque doigt, massez tous les côtés. En finissant, appuyez bien à l'extrémité de chaque doigt (tête, cerveau, sinus).

L'estomac, le cœur et les poumons encaissent souvent les chocs émotionnels. Apprenez à fluidifier leur impact par ces pratiques simples, tout au long de votre journée. Vous serez d'autant plus « assuré & bien en place dans l'univers de l'école.

7 En haut du thorax, sous le larynx, en appui sur la cavité osseuse, appuyez par touches successives (défenses immunitaires).

8 Au centre de la poitrine, en ligne droite, vous allez trouver des petites cavités naturelles, massez-les successivement (cœur, poumons).

9 Au niveau du plexus solaire et en direction du nombril, vous avez plusieurs petits creux : massez-les (plexus solaire, sangle abdominale, estomac).

10 Avec deux doigts de chaque côté du nombril, massez par pressions successives.

11 Avec vos deux paumes à plat, massez tout le ventre en triangle, en commençant sous le plexus solaire, puis en direction de la hanche gauche, de la hanche droite, puis retour sous le plexus. Faites cela doucement, plusieurs fois.

12 Assis, massez vos cuisses avec vos paumes en direction des genoux. Puis pincez légèrement avec le pouce et l'index autour de la cuisse en remontant vers les hanches.

13 Massez le creux des alvéoles des genoux avec les pouces et les majeurs.

14 Massez en suivant les gouttières naturelles situées de chaque côté des tibias et des péronés, jusqu'aux chevilles. Effectuez des pressions successives du pouce derrière chaque mollet.

15 Terminez en positionnant un talon en l'air et orteils pliés, faites pivoter le talon à droite et à gauche. Changez de pied.

Les petits gestes au quotidien

Voici une liste de gestes de « mieux-être » très simples à réaliser. En les exécutant consciemment, vous allez en amplifier les effets.

- Ces quelques exercices vont alléger les muscles faciaux.

1 Positionnez l'extrémité de vos index dans la cavité naturelle entre le nez et l'œil et massez d'une manière circulaire ces deux points.

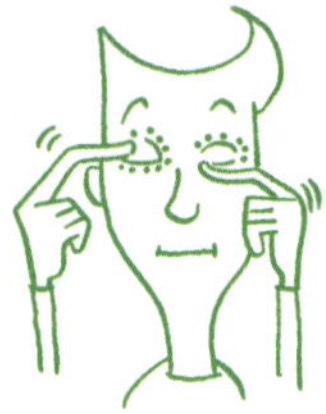

2 Continuez en soulignant toute l'orbite de chaque œil.

3 Passez vos index, par pression et relâchement, sur toute l'arcade sourcilière.

4 Massez en descendant chaque arête du nez, passez les doigts au-dessus des lèvres et finissez en tamponnant le menton par petits à-coups.

5 En partant du haut des pommettes avec tous les doigts, tirez la peau en l'abaissant (faites bien l'arrondi des pommettes) en direction du menton.

6 Massez vos tempes doucement par gestes circulaires.

- **Ces exercices permettent d'agir immédiatement sur la fatigue du visage.**

1 Agrandissez progressivement votre sourire et finissez la bouche démesurément ouverte, les yeux bien écarquillés, les joues bien gonflées ! C'est un très bon antirides et antistress ! Répétez cela plusieurs fois.

2 Commencez par étirer tout le contour de chaque oreille, puis volontairement, bâillez plusieurs fois !

3 Terminez en remontant les joues du bout des doigts en faisant des cercles.

• **Quand vous sentez votre mâchoire crispée, c'est que les muscles sont tendus. Alors détendez-les !**

La bouche fermée, amenez plusieurs fois le bout de votre langue sur les dents du bas, puis sur le voile du palais quelques instants. Faites tourner la langue dans votre bouche plusieurs fois.

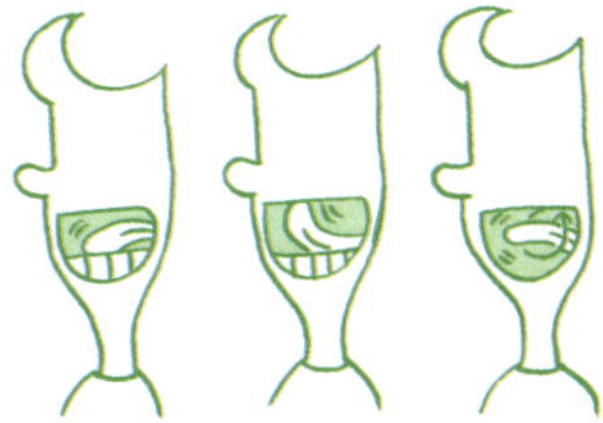

• **L'anxiété se nourrit souvent du souvenir d'une perturbation qui, par effet domino (type contagion d'une rumeur), peut devenir récurrente. Elle peut aussi venir de la fatigue et du stress accumulé, elle peut bloquer le diaphragme et tendre l'abdomen.**

1 Chauffez vos deux paumes de main en les frottant. Posez une paume sur le plexus solaire, l'autre juste au-dessus du nombril. Fermez les yeux quelques instants.

2 Chauffez de nouveau vos mains, et posez-les directement à plat sur votre ventre. Inspirez par le nez en sortant le ventre, soufflez par la bouche tout doucement en pliant votre buste afin de rentrer le ventre au maximum. Imaginez-vous en train d'expulser votre tension intérieure. Faites cela 3 fois.

3 En inspirant par le nez, positionnez vos bras pliés sur les côtés du corps, paumes tournées vers des murs imaginaires. Soufflez par saccades en les poussant et en opposant une résistance.

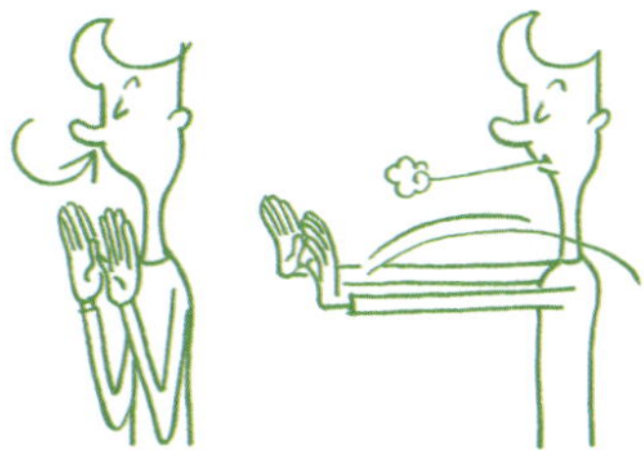

4 Levez les bras au-dessus de la tête en inspirant, puis fermez les poings et soufflez doucement en tendant tous les muscles des bras et en les rabaissant doucement (opposez une résistance).

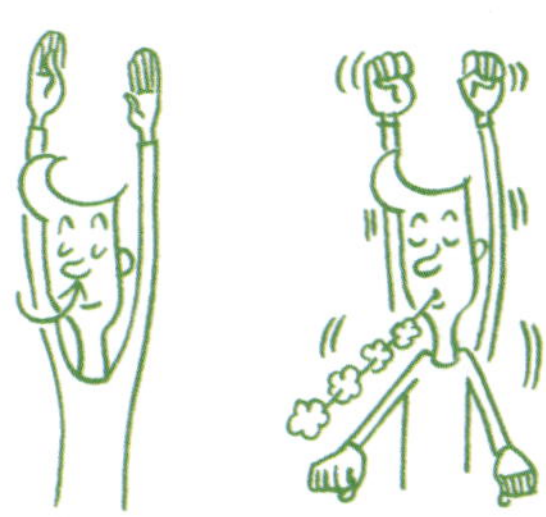

• Votre nuque peut vous faire souffrir, surtout si l'ambiance du cours est mauvaise. Au sens propre, « vous en avez plein le dos » ! Voici un chemin simple pour vous remettre d'aplomb.

1 Les coudes posés sur votre bureau, vous êtes légèrement penché en avant. Inspirez en sortant le ventre, posez vos mains derrière la tête, et en soufflant, tirez votre tête en arrière en la retenant avec vos mains. Tenez quelques secondes et relâchez tout.

2 Maintenant, posez votre main sur l'oreille opposée, coude plié, tout en inspirant. Soufflez en poussant délicatement la tête avec la main en direction de l'épaule. Changez de côté.

3 Pour terminer, vos mains sont posées à plat sur les genoux. Levez votre bras droit en le dépliant paume vers le ciel, doigts orientés au-dessus de la tête en inspirant. Étirez bien le côté droit du dos. Faites de même de l'autre côté. Faites un cycle complet de 5 ou 7 fois.

• Avec la souris d'ordinateur ou en écrivant au tableau, vos poignets ou articulations de la main vous font souffrir. Voici comment remédier à cela.

1 Tournez votre pouce et index de la main gauche tout autour du poignet droit, pour le chauffer.

2 Coude posé sur le bureau, paume de la main ouverte face à vous, pincez votre pouce avec chaque doigt.

3 Coude sur le bureau, le dessus de la main droite face à vous, pliez le poignet, effectuez le dessin d'un 8 horizontal délicatement, ne forcez pas, mais essayez de dessiner ce 8 le plus large possible. Faites le mouvement dans l'autre sens, mais sans décoller le coude !

4 Terminez en faisant les « griffes du tigre ». Coude droit sur le bureau, doucement vous serrez vos doigts en forme de griffe, puis vous allez fermer le poing complètement. Il est important ici que vous sentiez dès le départ tous les muscles de l'avant-bras et que vous serriez avec force. Changez de main.

- **Enfin, assouplissez votre dos et détendez vos épaules.**

1 Posez votre tête sur un côté du bureau. Laissez tomber vos bras ballants vers le sol et respirez doucement une minute à votre rythme. Changez de profil et recommencez.

2 Maintenant, posez votre front sur vos bras pliés sur le bureau. Concentrez-vous en inspirant par le ventre et en le faisant bien ressortir. Vous devez sentir le bas de votre dos s'arrondir et vos lombaires se détendre en s'étirant.

Les sas de décompression

L'enseignement demande structure et aménagement du temps. Pour passer une journée sereine, il faut savoir se ménager des sas de décompression : quelques minutes que l'on prend pour soi (les temps de trajet peuvent être mis à profit d'une manière simple et efficace, les pauses entre deux cours aussi, après le déjeuner, en récréation). De même, il est important de partir travailler la tête légère et de se débarrasser des préoccupations relevant de la vie privée. Le soir, les activités professionnelles ne doivent pas venir alimenter la sphère intime.

Laissez les soucis relevant de la maison, à la maison et ceux du travail, au travail ! Donc si vous avez à corriger des copies – ou tout autre activité liée à l'enseignement – il est préférable de le faire sur votre lieu de travail.

Les huiles essentielles

Sur un mouchoir, posez 2 gouttes d'huile essentielle dont vous aimez le pouvoir évocateur : thym, bergamote, mandarine, rose... Chaque jour, respirez ce mouchoir au moment de quitter la maison et faites-en le symbole de la transition entre vie privée et vie professionnelle. N'hésitez pas à fermer les yeux quelques instants et à vous laisser submerger par les sensations que cette inhalation procure. Rouvrez les yeux lorsque vous vous sentez prêt.

Si l'huile essentielle vous paraît trop forte, choisissez des eaux florales.

La pensée de transmutation

Pendant le transport, assis ou débout, respirez doucement et laissez votre regard flotter. Concentrez-vous et visualisez votre arrivée dans votre établissement, la physionomie des lieux, les élèves, les collègues que vous allez obligatoirement rencontrer. Motivez-vous et dites-vous que cette journée qui commence sera enrichissante et que vous allez y faire face sans difficultés. Construisez une humeur et une atmosphère positives !

La pensée rassurante

Pour faire la transition entre la maison et le travail, fermez les yeux quelques instants et visualisez une couleur correspondant à un paysage dans lequel vous vous sentez en harmonie (le bleu pour la mer, le vert pour un champ, etc.). Ensuite, enrichissez votre décor d'une ambiance particulière : vacances, soleil, brise marine, odeurs ; puis amplifiez cette scène pour qu'elle devienne un lieu de ressource, de bien-être. En répétant cette visualisation tous les matins, le paysage se manifestera spontanément et vous rassurera. Vous pouvez également choisir d'évoquer une personne, un objet symbolique... l'important est que vous puissiez accéder à un sentiment de sérénité.

La respiration

Sur le trajet jusqu'au travail, debout, assis, ou même en marchant, concentrez votre attention sur votre souffle.

Inspirez par le nez sans forcer et imaginez qu'une énergie purifiante vous emplit et vous fortifie. Expirez en appuyant bien vos pieds sur le sol comme pour vous enraciner.

Vous construisez ainsi vos racines de la journée.

La musique

La musique agit comme une excellente transition entre deux univers (maison/ travail), que ce soit sur le trajet ou après déjeuner.

Commencez par vous concentrer sur l'écoute puis lâchez prise peu à peu : appréciez la qualité des sonorités, le timbre, le rythme... Une musique douce et sentimentale (sans être triste) rassure et permet de se sentir aimé ; une musique ethnique ou folklorique (créole, africaine, celte...) vous transporte dans un monde coloré et chaleureux ; une musique rythmée (hip-hop, disco, rock) vous dynamise et vous réveille. La voix d'un chanteur ou d'une chanteuse peut aussi vous aider à vous évader, de même qu'une musique de relaxation avec des sons de la nature (oiseaux, mer, vent).

Toutes les musiques n'agissent pas de la même façon : à vous de trouver celle qui vous correspond !

L'instant de plaisir

Une fois arrivé sur votre lieu de travail et avant de démarrer la journée, accordez-vous un bon moment. Que ce soit un café ou une pause petit-déjeuner, ne parlez à personne, restez en paix. À chaque gorgée bue ou morceau avalé, séparez-vous un peu plus des préoccupations liées à la maison. C'est une manière efficace de faire le vide et de vous offrir un instant de plaisir ! Pour d'autres, partager ce moment entre collègues, en discutant, est une bonne manière de déconnecter d'avec la vie privée ! C'est à vous de voir...

L'auto-massage

L'auto-massage est une manière pratique et efficace de vous tonifier et de trouver un bon équilibre. Donc, en cas de manque de confiance en début d'année, de perte de mémoire en plein cours ou de concentration difficile, voici ce que vous pouvez faire…

1 Chauffez vos mains et posez-les sur le visage comme un gant bien chaud, puis massez en vous stimulant par des pensées positives.

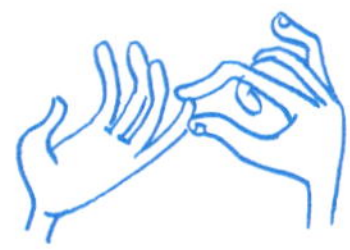

2 Massez le centre de vos mains. Avec votre pouce et votre index de la main droite pincez chaque extrémité des doigts de la main gauche. Changez de main. Puis, l'une après l'autre, passez vos paumes sur le dessus des mains pour les chauffer.

3 Chauffez de nouveau vos paumes et appliquez-les sur votre visage comme pour vous débarbouiller la figure.

La visualisation dynamisante

Cet exercice est idéal avant un cours où les élèves sont hyperactifs ou cherchent à vous déstabiliser.

Les yeux fermés imaginez qu'un cylindre lumineux se forme autour de vous et vous protège. En inspirant, une énergie puissante remplit ce cylindre, elle vous entoure et vous pénètre. En expirant, cette énergie devient plus forte encore. Votre respiration, comme un soufflet sur des braises, vous réchauffe et vous dynamise. Doucement, ouvrez les yeux et ressentez l'harmonie et la sécurité que vous a procuré cette énergie.

Les pauses

Les pauses sont étudiées et choisies pour vous aider à garder forme et concentration toute la journée. Elles doivent être mises à profit pour vous aérer l'esprit, vous équilibrer. Ne les négligez pas ! Les mouvements vus jusqu'ici ont eu pour effet de vous dynamiser, vous recentrer, vous régénérer : n'hésitez donc pas à les pratiquer dès que vous en avez l'occasion. Être attentif à ses besoins est important. Concentrez-vous sur votre posture : retendez votre dos, ajustez le bassin, la nuque, les poignets. Prenez le temps de travailler sur votre respiration et fermez les yeux si nécessaire. Vous vous sentirez nettement mieux après !

Une règle essentielle : à chaque pause, hydratez-vous !

La pause du matin entre deux cours

Assis au bord de votre chaise, respirez calmement, les yeux fermés, les mains posées sur les genoux. Penchez votre buste en avant, vos bras tombent par terre, les mains touchent presque le sol, la tête se relâche et le dos s'arrondit naturellement. Videz-vous la tête de toutes les pensées du moment. Puis, selon le besoin, pratiquez une respiration de détente (l'expiration plus longue que l'inspiration) ; une respiration dynamique (l'inspiration plus longue que l'expiration) ; ou une inspiration en saccades pour vous vitaliser.

La pause de midi : le *must* de l'enseignant détendu !

La coupure du midi est une « pause-plaisir », il faut en profiter ! Rien ne vous oblige à parler du travail, des élèves… Choisissez des collègues qui vous aèrent l'esprit et prenez le temps d'apprécier ce que vous mangez. Mâchez lentement pour bien bénéficier de tous les apports nutritifs et surtout n'ingérez aucun sucre rapide à ce moment de la journée, vous n'en avez pas besoin ! Pensez aussi qu'un excitant comme le café va pomper jusqu'à 70 % des vitamines prises pendant le repas. Le moment « faible » du rythme journalier est l'après-déjeuner : de 13 heures 30 à 15 heures. Après le repas, si vous le pouvez, aérez-vous en marchant quelques minutes et faites des respirations dynamiques qui vont vous aider à bien digérer et à vous tonifier. Sinon, isolez-vous quelques instants et, assis confortablement, pratiquez des respirations de détente. Avec de la musique c'est encore mieux ! Plus vous mettez en application ces conseils, plus les effets seront rapides et immédiats. Un auto-massage de la voûte plantaire vous assure détente, regain d'énergie et une bonne digestion !

1 Placez votre pouce de la main droite sur toute la voûte plantaire de votre pied gauche. Puis, partez du centre en direction des orteils, que vous tirez légèrement.

2 Ensuite, du centre vers le talon, que vous massez longuement.

3 Enfin, prenez votre pied entre vos deux paumes de main et « chiffonnez-le » sur toute la longueur, comme une serpillière !

La pause de l'après-midi ou comment bien gérer ses dernières heures de cours !

Ce moment de la journée est généralement celui où la fatigue se fait sentir et où la concentration baisse. L'idéal est de boire un jus de fruits pour se réhydrater et de manger des fruits secs pour recouvrir un peu d'énergie. Certains mouvements peuvent aussi vous remettre d'aplomb : testez-les pour trouver celui qui vous fait le plus de bien !

1 Debout les bras le long du corps, jambes légèrement fléchies. Laissez pencher votre corps devant, derrière, à droite, à gauche, puis retrouvez l'équilibre. Votre respiration va se caler naturellement au rythme des déplacements. Si vous pouvez, faites cet exercice les yeux fermés c'est encore plus efficace.

2 Posez vos mains croisées à plat sur votre front. Puis tournez doucement votre tête vers la droite et vers la gauche pendant 30 secondes. Freinez cet aller-retour avec vos paumes : la peau se plisse, massée.

3 Penchez-vous en avant et tamponnez le dessus de vos reins avec les deux poings fermés.

4 Assis et détendu, fermez les yeux. En inspirant, imaginez qu'une énergie blanche et purifiante vous envahit, vous rafraîchit. En expirant, évacuez l'énergie perturbante stockée pendant la journée, n'hésitez pas à souffler fort ! Enfin, faites un cycle de respiration dynamique.

Le soir, sur le retour

Le soir est le moment idéal pour la détente. Profitez-en pour vous recueillir, vous ressourcer. Il faut privilégier l'expulsion des humeurs de la journée et la récupération nerveuse et cellulaire. Vous préparez ainsi le bon déroulement du lendemain !

1 Assis, inspirez par le nez. En soufflant, pliez le buste et rentrez le ventre. Quand vous êtes en fin d'expiration, forcez doucement : donnez quelques saccades rapides de souffle en contractant les abdominaux. Renforcez l'efficacité de cette respiration en pensant à un fait désagréable vécu dans la journée !

2 En marchant, posez votre regard devant vous, faites peu à peu le vide dans votre tête et concentrez-vous sur votre respiration. Pensez qu'à chaque inspiration l'oxygène va régénérer vos cellules. Puis, en soufflant longuement, le stress de la journée s'évacue par les pieds pour se diluer dans la terre.

3 Assis ou debout, baissez le regard ou fermez les yeux. Imaginez, par un symbole, la fin de la journée (une corde qui rattache un bateau au quai, le passage d'une porte...) Laissez votre respiration se réguler, visualisez et ressentez la corde qui se détache, la porte qui se referme. Expirez plusieurs fois, bâillez, massez-vous le visage, les paumes des mains. Puis ouvrez les yeux dans une grande inspiration et relâchez dans une longue expiration.

Les écoutes musicales proposées pour le matin sont aussi très bien adaptées au soir. Faites-vous plaisir avec une musique que vous appréciez pour son aspect chaleureux, enrobant ! Mais ne tombez pas en liquéfaction molle : faites l'effort de quelques respirations avec de longues expirations et prenez conscience de la détente et de la régénération que cela apporte.

La journée idéale

Les tableaux, en début d'ouvrage, vous ont permis de repérer les pleins et les vides d'une journée type. C'est maintenant le moment d'envisager un fil conducteur pour construire une journée idéale. Chaque mouvement et respiration apporte des bienfaits : « dé-stressant », relaxant, dynamisant… que vous allez appliquer à différents moments suivant vos besoins. Certains vous paraîtront simples et accessibles immédiatement parce que votre sensibilité s'y prête, d'autres nécessiteront plus d'attention : il est donc important de les tester et de les répéter régulièrement afin d'en développer les vertus et les bénéfices.

N'hésitez pas à sélectionner certains mouvements issus des enchaînements, rien n'est figé !

Les trois règles

Une journée doit être équilibrée. Pour cela, voici trois règles à appliquer rigoureusement.

1 Première règle : ne jamais puiser dans sa réserve d'énergie pour rétablir l'équilibre entre vide et trop-plein. On utilise la vitalité disponible que l'on construit et renforce jour après jour.

2 Deuxième règle : toujours être vigilant à maintenir un bon point d'équilibre.

3 Troisième règle : s'autoriser, sans culpabiliser, à prendre du temps pour soi, à prendre soin de soi. Admettre l'idée qu'il est naturel et constructif de se sentir bien et que c'est une forme de respect envers soi-même que de s'autoriser à tout faire pour.

Construire sa journée

Pas question de régime le matin !

• De 7 heures à 8 heures 30

Grâce au repos de la nuit, le matin est le moment où l'on a le plus d'énergie, il faut en profiter ! Servez-vous de la douche pour vous sortir des torpeurs nocturnes : relancez les reins et stimulez la tête et le cerveau en insistant dessus avec le jet d'eau. Faites des cercles sur le ventre, le plexus, les hanches. Ensuite, prenez un bon petit-déjeuner qui vous apportera les apports nutritifs nécessaires pour toute la journée. Puis commencez votre rituel de « passage » entre la vie privée et la vie professionnelle.

• De 8 heures 30 à 10 heures 30

Ce créneau est celui où l'influx nerveux est par nature équilibré. Ne gâchez pas ce moment : calmez-vous si vous vous sentez survolté ou excité et dynamisez-vous si vous êtes trop calme ou encore un peu endormi. Appliquez-vous à bien gérer ce passage afin d'arriver à la première pause sans avoir déjà grignoté toute votre énergie !

• Première pause

Recentrez-vous et, si besoin, faites quelques mouvements pour vous relaxer. Si vous pouvez, mangez quelques fruits secs ou une barre de céréales afin d'avoir de l'énergie jusqu'à la pause déjeuner. Buvez de l'eau !

• De 11 heures à 13 heures

L'influx nerveux, le tonus intellectuel et musculaire commencent à diminuer. C'est le bon moment pour se tonifier par la respiration et effectuer quelques auto-massages.

• **Pause-déjeuner**

Détendez-vous et mangez à votre faim ! Les apports du petit-déjeuner et de la première pause vous permettent de ne pas surcharger le repas. Favorisez les sucres lents, prenez l'air et du temps pour récupérer et vous vitaliser (surtout si vous êtes enclin à avoir des après-déjeuners difficiles). Bref, aménagez-vous un espace-temps qui vous appartienne totalement !

Évitez le soda car un verre équivaut à 8 sucres rapides !

• **De 13 heures 30 à 16 heures**

Privilégiez tout ce qui renforce l'attention et la concentration. Certains auront besoin de calme, d'autres de stimulation. C'est un moment clé pour rétablir une bonne posture, surtout si vous êtes très souvent debout en classe, à aller et venir entre les rangées de tables. Les compensations physiques sont souvent inconscientes et c'est vers 16 heures que vous commencez à les ressentir. C'est aussi à ce moment que le stress de la journée devient « visible ».

• **Pause de l'après-midi**

Même si vous n'en ressentez pas le besoin, faites des mouvements de « dé-stress » et des respirations dynamisantes. Soyez attentif à votre posture et pratiquez des auto-massages du dos, de la nuque… Buvez de l'eau – ou mieux, un jus de fruit – et mangez des fruits secs ou une barre de céréales, surtout si vous rentrez tard ! Cette pause est primordiale pour bien préparer le dernier créneau.

• **De 16 heures 15 à 18 heures**

Vous devez pouvoir gérer ce créneau sereinement sans avoir à puiser dans vos réserves énergétiques, c'est pourquoi il est important de se sentir bien avant de l'entamer ! Surveillez votre débit vocal, prenez conscience de la vitesse et du rythme des mots, du ton que vous donnez aux phrases, des émotions que vous induisez. Entre les cours, si vous en avez l'occasion, privilégiez les exercices de « dé-stress », les massages du visage et de la tête, les exercices oculaires (le X, le 8 horizontal).

• **De 18 heures à 20 heures**

Prenez 5 minutes pour rétablir une bonne posture physique. Ensuite, commencez le rituel de passage entre vie professionnelle et vie privé.

Ces exercices et ces conseils doivent évoluer en fonction de vos ressentis et être enrichis par vos propres expériences… Mille et un petits « trucs » personnels qui vous permettront d'être zen au quotidien, dans votre vie d'enseignant.